O MUNDO DA MÚSICA

© 2013 do texto por Nereide Schilaro Santa Rosa
© 2013 das ilustrações por Thiago Lopes

Todos os direitos reservados.
Callis Editora Ltda.
1ª edição, 2013

Direção editorial: Miriam Gabbai
Revisão: Ricardo N. Barreiros
Projeto gráfico e diagramação: Estúdio Kiwi
Pesquisa iconográfica: Daniel Andrade
Regência e produção musical: Hugo Ksenhuk

CIP-BRASIL. CATALOGAÇÃO NA PUBLICAÇÃO
SINDICATO NACIONAL DOS EDITORES DE LIVROS, RJ

S222m

    Santa Rosa, Nereide Schilaro, 1953-
        O mundo da música, volume 3 : alfabetização musical II / Nereide Schilaro Santa Rosa; ilustração Thiago Lopes. - 1. ed. - São Paulo : Callis Ed., 2013.
        40 p. : il. ; 28 cm.   (O mundo da música ; 3)

    Acompanhado de CD
    ISBN 978-85-7416-872-2

        1. Música - Instrução e estudo - Literatura infantojuvenil.
    I. Lopes, Thiago. II. Título. III. Série.

13-01449	CDD: 780.7
	CDU: 78(07)

27/05/2013   27/05/2013

Impresso no Brasil

2013
Callis Editora Ltda.
Rua Oscar Freire, 379, 6º andar • 01426-001 • São Paulo • SP
Tel.: 11 3068-5600 • Fax: 11 3088-3133
www.callis.com.br • vendas@callis.com.br

Nereide Schilaro Santa Rosa

O Mundo da Música

Ilustrações de Thiago Lopes

Volume 3 - Alfabetização musical 2

callis

Feche os olhos. "Abra" os ouvidos.
O que você ouve?

Existem muitos sons ao seu redor.
Eles formam uma paisagem sonora!

O som nasce de um objeto que vibra,
isto é, que se movimenta. Quando
não há movimento, não há som.

Para os povos indígenas brasileiros, o
som também nasce do movimento
das coisas, viaja no vento e chega aos
nossos ouvidos. Para eles, existem
dois sons: o *ihu* que é um som comum
e o *nheeng* que é o som da fala.

Anup quer dizer "ouvir" e *apuap*
significa "escutar com atenção".

Você já escutou o som do vento?
Podemos escutar o vento
quando ele passa por objetos.

Ouvimos o vento que assobia no
telhado... ou nas janelas e portas...

Ouvimos o vento que balança
as folhas das árvores...

Ouvimos o vento que
sai do assobio...

E ouvimos o vento dentro de
instrumentos de sopro!

BRINCADEIRA SONORA

Vamos brincar de *apuap* e escutar com atenção o som que o vento produz ao balançar o sino dos ventos.

Sino dos ventos é um móbile com objetos pendurados que produzem sons agradáveis ao balançarem ao sabor do vento. Construa um móbile com vários talheres presos com linhas de náilon em um cabide. Pendure em um local que tenha vento e escute o som provocado pelo balançar e percutir das peças metálicas.

CURIOSIDADES SONORAS

Na Ilha Bela, no litoral do estado de São Paulo, existe uma lenda interessante. Há muitos e muitos anos, uma caravela de piratas surgiu ameaçando atacar a população que ainda dormia. Quando os piratas atacaram a aldeia, ouviu-se som de sinos, o que fez a população da cidade acordar e se proteger. Os moradores espantaram os piratas e depois, para surpresa geral, descobriram que o som não vinha dos sinos da igreja, mas sim de pedras de uma pequena praia. Desde então, o local chama-se Praia do Sino onde se encontram "As Pedras do Sino"; elas, ao serem percutidas, emitem um som metálico semelhante ao de sinos.

Volume 3 - Alfabetização musical 2 • 7

O SOM MUSICAL

O som musical nos emociona, traz lembranças e apreciamos ouvi-lo. Por isso as pessoas gostam de música.

A música é uma linguagem que todo ser humano entende e sente, pois o ato de fazer música é universal.

Uma mesma melodia pode ser apreciada em diferentes países por diferentes povos. Porém, cada povo desenvolveu sua maneira de tocar, cantar, dançar...

Confira alguns exemplos de instrumentos musicais típicos de diferentes partes do mundo:

Os africanos usam a música para conversar! Eles tocam um ritmo secreto no tambor kalangu para conversarem entre si.

Os caribenhos adaptaram tambores de óleo vazios para fazer música. Eles amassam a lata do tambor em diferentes pontos da superfície, os percutem e tocam até 30 sons diferentes!

Na Indonésia, a orquestra chama-se gamelão e é formada por tambores, xilofones, gongos, chimes, entre outros.

Nos Estados Unidos, a tábua de lavar roupa é utilizada pelos músicos que tocam jazz.

Na Índia, existe um dos instrumentos de corda mais difíceis de tocar: o sitar.

Na Austrália, os antigos indígenas da região já tocavam a didjeridu, que é uma flauta longa, feita de madeira, também encontrada entre alguns povos indígenas do Brasil.

BRINCADEIRA SONORA

O pezinho é uma dança folclórica do Rio Grande do Sul e de Santa Catarina. Sua origem é portuguesa, da região dos Açores.

Os dançarinos cantam e dançam em pares, batendo os pés no chão, depois dão o braço direito e giram. A coreografia do pezinho brasileiro é semelhante a outras danças populares de outros países: a raspa, dançada no México, e a Herr Schmidt, dançada na Alemanha.

Vamos cantar e dançar o pezinho do Brasil:

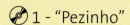 1 - "Pezinho"

Oi bota aqui, oi bota ali o teu pezinho
O teu pezinho bem juntinho com o meu
(coreografia: em pares, um em frente ao outro, com as mãos na cintura, marcam a melodia alternando os pés para frente, iniciando com o direito)

E depois não vá dizer
Que você se arrependeu
(coreografia: os pares entrelaçam o braço direito e giram para um lado e, na repetição, giram para o outro lado)

O RITMO

Quando ouvimos uma música, podemos nos divertir batendo palmas ou os pés. Ao fazermos isso, estamos acompanhando as batidas do ritmo da melodia.

Perceber o ritmo de uma música é muito fácil. Afinal, nós temos o ritmo dentro de nós, em nosso coração, que faz tum, tum, tum, o tempo todo. Andar, respirar, mastigar, bater palmas, tudo isso tem ritmo.
Leia e solfeje estas células rítmicas:
(Atenção: fale mais forte a sílaba escrita com letras maiúsculas, pois elas marcam o acento do ritmo.)

TAra TAtaaaaaa
TUM TUM TUMrurum
TRAlálálá TRAlálálá
Atiraram um pau no GAtoto
mas o GAtotoooo não morREU reu reu
ainda BEM bem bem

BRINCADEIRA SONORA

Ouça a gravação e acompanhe com batidas de palmas. Perceba que o ritmo se mantém igual no decorrer da melodia, mesmo com a variação de instrumentos musicais e de intensidade do som, do fraco para o forte.

💿 2 - Trecho de "Bolero"

Maurice Ravel, compositor francês, nasceu em 1875 e faleceu em 1937. A sua obra "Bolero" é conhecida no mundo inteiro!

BRINCADEIRA SONORA

Descubra o ritmo na paisagem sonora de sua casa. Procure tique-taques, tum-tuns, tralalás, chic-chics. Você pode encontrar o ritmo em: relógio de corda, pingo d'água, latido de cachorro, motor de liquidificador, chuva etc. Se possível, grave e mostre aos seus colegas.

BRINCADEIRA SONORA

Ouça um trecho da "Dança das horas", tocada na ópera *La Gioconda*. Essa obra é de autoria de um compositor italiano chamado Amilcare Ponchielli. Escolha um destes instrumentos de bandinha para acompanhar o ritmo da valsa: triângulo, tamborzinho ou guizos.

💿 3 - Trecho de "Dança das horas"

Amilcare Ponchielli nasceu em 1834 e faleceu em 1886.

Repita essa mesma atividade com a "Valsa das flores", de P. I. Tchaikovsky.
💿 4 - Trecho de "Valsa das flores"

CURIOSIDADES SONORAS

Os remadores dos navios de guerra da Grécia Antiga remavam juntos e em velocidade constante. Para que isso ocorresse, eles escutavam e acompanhavam o ritmo de tambores ou flautas, que os ajudavam a movimentar os remos na água e a avançar o barco mais depressa.

VOCÊ JÁ ASSISTIU A UMA PARADA MILITAR?

Os soldados marcham todos juntos: pé direito, pé esquerdo, pé direito, pé esquerdo, marcando o ritmo.

Existem conjuntos musicais que são semelhantes ao desfile de soldados, os participantes tocam instrumentos e marcham ao mesmo tempo. São as bandas e as fanfarras. A diferença entre a banda e a fanfarra é a presença ou não de alguns tipos de instrumentos.

Tanto nas fanfarras quanto nas bandas, a marcação do ritmo é fundamental. Os participantes marcham todos juntos, na mesma velocidade e em várias direções, tocando os instrumentos.

CURIOSIDADES SONORAS

Veja alguns tipos de bandas e fanfarras e seus instrumentos:

Fanfarra simples tradicional: instrumentos melódicos – cornetas e cornetões lisos. Instrumentos de percussão – bombos, tambores, prato a dois, prato suspenso e caixa clara.

Fanfarra simples marcial: instrumentos melódicos – trompetes naturais agudos e graves (cornetas). Instrumentos de percussão – bombos, tambores, prato a dois, prato suspenso e caixa clara.

Banda de percussão marcial: instrumentos de percussão – bombos, tambores, prato a dois, prato suspenso, caixa clara, bongô, tumbadoras, tímpanos, marimbas, campanas tubulares, glockenspiel, família dos vibrafones, família dos xilofones e liras.

Banda marcial: instrumentos melódicos – família dos trompetes, família dos trombones, família das tubas e saxhorn. Instrumentos de percussão – bombos, tambores, prato a dois, prato suspenso e caixa clara. Instrumentos facultativos – marimba, trompa, tímpano, glockenspiel, campanas tubulares e outros de percutir.

Às vezes, as bandas de música animam apresentações teatrais, de circo e festas (como a cavalhada, por exemplo). No mês de agosto, a cidade de Taguatinga, no estado do Tocantins, vive dez dias de festa. É uma festança em homenagem a Nossa Senhora da Abadia. E a comemoração mais esperada é a apresentação das cavalhadas, que acontece nessa cidade desde o início do século XX.

Trata-se de uma apresentação teatral baseada na história do rei Carlos Magno, que foi trazida pelos portugueses e espanhóis ao Brasil. Tem origem na Idade Média e mostra a disputa de reis, súditos, cavaleiros com lanças e roupas enfeitadas e alguns personagens mascarados:

Os mascarados se divertem emitindo sons engraçados dentro da máscara, assustando os espectadores da festa e fazendo acrobacias. Talvez sua origem esteja na figura do "bobo da corte" ou simbolize a presença de pessoas comuns na festa de reis. Os mascarados são conhecidos como os "Curucucus".

A cavalhada é uma batalha entre 12 cavaleiros mouros vestidos de vermelho e 12 cavaleiros cristãos vestidos de azul. Eles são acompanhados por uma banda musical que anuncia a apresentação.

A festança dura dois dias e, no final do primeiro, os mouros perdem e são batizados como cristãos. No segundo dia, acontece o encerramento, com jogos amigáveis entre os dois grupos.

CURIOSIDADE FESTEIRA

Os mouros eram os muçulmanos do Norte da África que, durante o século VIII, invadiram o sul da Península Ibérica, na Europa, e dominaram a região durante quase 800 anos.

BRINCADEIRA SONORA

Para fazer com seu grupo de trabalho

Futebol dos mascarados
Em vez de competir em uma batalha, você e seu grupo de trabalho participarão de um jogo de futebol, usando máscaras!

Materiais:
- folhas de papel crepom vermelho;
- folhas de papel crepom azul;
- tesoura;
- folhas de cartolina branca;
- elástico de costura;
- caneta hidrográfica preta;
- chapéu de palha;
- cola;
- 1 bola.

Os participantes deverão recortar aventais ou túnicas no papel crepom e vesti-los para formar dois grupos: um com túnicas azuis e outro com túnicas vermelhas. Também deverão desenhar e recortar uma máscara na folha de cartolina e prender um pedaço de elástico em dois furos laterais. O próximo passo é enfeitar o chapéu de palha com tiras de papel crepom colorido e prendê-lo na máscara.

Invente uma canção de torcida para cada time!

Agora é só jogar futebol.

DANÇAS E FESTAS POPULARES DO BRASIL

A música faz parte da cultura de um povo. As melodias populares passam de geração a geração, ensinadas por nossos pais, que aprenderam com nossos avós, que aprenderam com nossos bisavós, e assim por diante. O costume de cantar e dançar permanece ao longo dos tempos e as pessoas aprendem ouvindo e memorizando as melodias. É assim que se forma a cultura de um povo.

As canções e danças populares têm o ritmo bem marcado o que auxilia na memorização das coreografias e melodias.

Coreografia é a sequência de movimentos que os dançarinos fazem.

Melodia é a sequência de sons que os cantores cantam.

O **ritmo** está presente tanto na coreografia quanto nas melodias populares que são apreciadas pelo povo e apresentadas em festas.

Vamos conhecer algumas festas brasileiras em que o ritmo é marcado e executado pelos participantes.

MARIRI, UMA FESTA INDÍGENA

O mariri é uma festa indígena. Ela acontece todas as vezes que várias nações indígenas se reúnem. Não tem data marcada para acontecer, só depende do convite feito pelos índios que vão visitar aldeia por aldeia.

O mariri do povo Kaxinawá reúne as 12 aldeias da terra indígena do Alto Purus, no estado do Acre. Para levar o convite a todos as nações, eles se enfeitam com os brotos de uma planta chamada jarina, fazem tangas e enfeites de cabeça, levam porretes nas mãos e são recebidos ao som do gegimá, uma espécie de buzina feita de taboca e rabo de tatu-canastra, e da flauta de três furos.

Durante a festa mariri, os homens e mulheres das nações agradecem a saúde, a boa colheita, a sorte nas caçadas e nas pescarias e ainda pedem a proteção dos espíritos da natureza. Eles dançam em uma grande roda, pintam o corpo com uma espécie de suco de jenipapo, enfeitam-se com palhas de jarina e usam um grande cocar, feito de penas de aves da floresta de todas as cores. Enfeitam-se com colares e pulseiras e se pintam com os mais diversos desenhos da arte Kaxinawá. Tocam cornetas feitas com bambu e pele de tatu.

CURIOSIDADE SONORA

Mariri também é o nome de um cipó da Amazônia e de uma bebida utilizada pelos indígenas da região do Acre e do Peru. Os Kaxinawás foram o primeiro povo indígena a estudar a sua própria língua, além do português. São alegres, pacíficos e gostam de preservar suas tradições.

BRINCADEIRA SONORA

Construa um pau de chuva, um instrumento musical indígena.

Materiais:
- 1 cano de plástico de 40 cm a 50 cm de comprimento;
- alfinetes;
- fita crepe;
- arroz.

Modo de fazer:
Com a ajuda de um adulto, enfie os alfinetes atravessando o corpo do cano. Se precisar, bata com um pequeno martelo. Coloque o arroz em seu interior e feche as extremidades com a fita crepe. Para "tocar" o pau de chuva, basta deixar escorrer o arroz por entre os alfinetes no interior do cano, segurando-o em posição vertical. O som obtido com esse movimento é semelhante ao da chuva!

A FESTA JUNINA

Há muitos e muitos anos, a festa junina surgiu na Europa entre os habitantes dos países católicos. Eles homenageavam São João, por isso o nome da festa era joanina, mas, quando o costume chegou ao Brasil, passou a se chamar junina. A festa ocorre durante o mês de junho e homenageia Santo Antônio, São João e São Pedro.

Durante a festa junina, dança-se a quadrilha, uma dança tradicional que homenageia São João. Em algumas festas, os grupos se apresentam e participam de disputas acirradas em concursos.

A quadrilha é dançada por um número par de casais. A quantidade de participantes da dança é determinada pelo tamanho do espaço disponível e deve ter um marcador que orienta a coreografia dos casais, que dançam marcando o ritmo com os pés o tempo todo.

CURIOSIDADE FESTEIRA

Diz uma história católica que Santa Isabel era muito amiga de Nossa Senhora e, por isso, uma costumava visitar a outra. Em uma dessas visitas, Santa Isabel contou a Nossa Senhora que, dentro de algum tempo, iria nascer seu filho, João Batista.

Nossa Senhora perguntou:

— Como é que saberei do nascimento da criança?

— Vou acender uma fogueira bem grande, assim você de longe poderá vê-la, e também mandarei erguer um mastro com uma boneca sobre ele.

Quando chegou o dia do nascimento, Santa Isabel cumpriu a promessa.

E assim começou a ser festejado o nascimento de São João com mastro, fogueira, danças etc.

20 · O mundo da música

Os comandos mais utilizados são:

Balancê *(balancer)* — Sem sair do lugar, os participantes balançam o corpo no ritmo da música, marcando o passo. Essa expressão também é usada como um grito de incentivo e é repetida quando termina uma coreografia. Quando um comando é dado só para os cavalheiros, as damas permanecem no "balancê". E vice-versa.

Anavan *(en avant)* — Significa avante e os participantes caminham balançando os braços.

Returnê *(retourner)* — Indica que devem voltar aos seus lugares.

Tur *(tour)* — Significa dar uma volta: com a mão direita, o cavalheiro abraça a cintura da dama e ela coloca o braço esquerdo no ombro dele e dão um giro completo para a direita.

BRINCADEIRA SONORA

Vamos comemorar a festa junina.

🎵 5 - "Arrasta o pé"

Arrasta o pé
Arrasta, arrasta o pé no chão ⎱ bis
Vai começar a animação ⎰

E a roda vai fechando
Pois pra frente eu vou andando
Para trás eu devo ir
Se quiser a roda abrir

🎵 6 - "Quadrilha mirim"

Quadrilha mirim
Tra la la la, tra la la la (4x)

Bem ligeirinho
Pegue o seu par
Que a quadrilha
Já vai começar

Marque de leve
Com muito jeito
Ora o esquerdo
Depois o direito

Muita atenção
Pra não errar
Cada pezinho
Tem o seu lugar

Tra la la la, tra la la la (4x)

Volume 3 - Alfabetização musical 2

FESTIVAL FOLCLÓRICO DO BOI-BUMBÁ

Essa festa é tão grande que foi construído um teatro, com capacidade para milhares de pessoas, para a apresentação do boi na cidade de Parintins.

Esse festival começou com uma festa muito popular que acontece em várias regiões do Brasil, o boi-bumbá, que conta a história de Pai Francisco e Mãe Catirina. A história é apresentada por meio de danças, fantasias e muita música.

O enredo é o seguinte: Catirina estava grávida e queria comer a língua do boi mais bonito da fazenda. O seu marido, Pai Francisco, trabalhava na fazenda e resolveu matar o boi do patrão para satisfazer o desejo da mulher. O dono da fazenda ficou muito bravo e exigiu que Francisco fizesse o boi ressuscitar. Na história contada na região do Amazonas, quem ressuscita o boi é um pajé.

22 • O mundo da música

CURIOSIDADE FESTEIRA

O boi é um animal muito importante para as pessoas. Ele serve de transporte para os criadores e os vaqueiros, além de fornecer alimento para quem vive nas cidades. Por isso, é um personagem importante das histórias que são contadas há muito tempo, passando de geração a geração. O boi também serviu de inspiração a vários compositores.

Cid Barbosa / Diário do Nordeste

BRINCADEIRA SONORA

Para fazer com seu grupo de trabalho:

Construa um boi com uma caixa de papelão

Materiais:
- caixa de papelão grande e vazia;
- rolos de papel crepom;
- 1 folha de cartolina branca;
- cola;
- canetas hidrográficas coloridas;
- tesoura sem ponta;
- 1 rolo de barbante.

Primeiro abra os dois lados da caixa e cole uma saia de papel crepom nela.

Desenhe e recorte uma máscara de boi na folha de cartolina e pinte com as canetas hidrográficas. Não esqueça de desenhar os chifres. Cole a máscara do boi na frente da caixa. Prenda o barbante como um suspensório na caixa para pendurá-la em seus ombros. Vista-se com o seu boi e dance o bumba meu boi com seus amigos.

CARIMBÓ

O carimbó é uma dança que mistura influências africanas, indígenas e até mesmo portuguesas.

Quando chegaram ao Brasil, os africanos dançavam o batuque ao som de suas canções. Para acompanhar essa dança, eles começaram a usar um tambor indígena chamado curimbó, palavra formada por *curi* (pau oco) e *mbó* (escavado).

Uma parte interessante é o momento em que os dançarinos imitam movimentos de animais, como na dança do peru. Nessa hora, uma dama coloca um lenço no chão, bem no centro da roda, e seu parceiro tem de pegá-lo com a boca sem cair no chão.

O tempo passou e a palavra curimbó se transformou em carimbó e acabou batizando essa dança. O carimbó tem coreografia divertida e alegre, muito ritmo e alguns passos típicos de danças portuguesas.

As moças se enfeitam e se vestem com saias rodadas e coloridas para dançar. Os homens colocam um lenço vermelho no pescoço e usam camisas coloridas. Ambos dançam descalços em uma grande roda.

CURIOSIDADE FESTEIRA

Alguns estudiosos dizem que a dança carimbó nasceu na Ilha de Marajó, no Pará, e outros dizem que teve origem no Maranhão e de lá foi levado para a cidade de Marapanim, no Pará.

Os instrumentos utilizados no carimbó são: dois tambores, banjo, pandeiro, maracas, reco-reco e flauta feita de embaúba.

BRINCADEIRA SONORA

💿 7 - "Carimbó"

Ouça, cante e dance a canção, em pares.

Carimbó
Dona Maria, que dança é essa
Que a gente dança só   } bis
Dona Maria, que dança é essa
É carimbó, é carimbó

Braço pra cima
Braço pra baixo
Agora já sei como é que é
Só falta bater a mão
Batendo também o pé
Só falta bater a mão
Batendo também o pé

PAU DE FITA

Trata-se de uma dança de pares de origem portuguesa, muito apreciada nos estados do Sul e Sudeste. Cada dançarino segura uma fita colorida presa a um mastro e dança ao redor dele, trançando as fitas. A dança é acompanhada por canções e instrumentos musicais, como violão, cavaquinho, pandeiro e acordeão.

BRINCADEIRA SONORA

Junto com seu grupo de trabalho, prepare um mastro e fitas coloridas. Cada participante da roda segura uma fita. A roda gira cantando e dançando no ritmo da canção, enquanto as fitas enfeitam o mastro. Se quiser trançá-las, os pares trocam de lugar e movimentam as fitas para cima e para baixo, para que se cruzem, enrolando-as no mastro.

🎵 8 - "Maçanico"

Maçanico, maçanico
Maçanico do banhado } refrão
Quem não dança o maçanico
Não arruma namorado

Maçanico, maçanico
Mas que bicho impertinente
Maçanico vai-te embora
Na tua casa chega gente

Maçanico, maçanico
Se põe na sala a dançar
Maçanico pula e corre
Bate as asas pra voar

A ESCRITA DA MÚSICA

Depois de conhecer tantas festas e melodias populares do Brasil, podemos concluir que cantar e dançar é bem divertido, não é mesmo?

A música anima as festas populares e faz com que as pessoas aprendam a cantar e a dançar cada vez mais.

Mas como é que tanta gente conhece as mesmas músicas em lugares e tempos distantes?

Entre os povos indígenas, há o costume de colocar um brinco feito de um pequeno ramo de uma planta e pintar um risco da orelha à boca para não esquecer as melodias.

BRINCADEIRA SONORA

Faça um risco com tinta para pintura corporal da orelha até a boca e invente a sua melodia para os versos do "Curumim":

Curumim
Oiie poi tatata iei
Poi tuque tuque iei
Poi ta ta ieie
A unicuniti
A uniti ah!
Ipiá ca iê ne
A ú a ú a ú

28 • O mundo da música

Com o passar do tempo, as pessoas cantavam e tocavam melodias por repetição, isto é, uma pessoa cantava e a outra a imitava. E assim as melodias iam passando de pessoa para pessoa, de geração a geração.

Mas essa forma de transmitir fazia com que as pessoas não conhecessem as canções originais, pois, ao serem ensinadas por imitação, as músicas acabavam sendo modificadas ao longo dos anos, tal como ocorre naquela brincadeira muito conhecida chamada telefone sem fio.

Assim, com o passar do tempo, os músicos perceberam que seria muito legal se os sons pudessem ser escritos. Dessa forma, ficava fácil ensinar uma melodia para muitas pessoas ao longo dos anos.

Surgiram os primeiros sinais que simbolizavam os sons dos cantos. Os compositores faziam marcas nas últimas sílabas das frases cantadas para indicar maior duração do som.

Os primeiros sinais musicais tinham um nome meio esquisito: neumas.

BRINCADEIRA SONORA

Você já brincou de telefone sem fio? A brincadeira é feita em uma roda, uma pessoa escolhe uma palavra e a diz baixinho para o colega ao lado, que, por sua vez, cochichará essa palavra para o amigo seguinte e assim por diante. No final, a última pessoa fala a palavra. O interessante é perceber se a palavra mudou ao longo do caminho, por isso, quanto mais difícil ela for, melhor!

CURIOSIDADE SONORA

Ópera
A ópera é um teatro cantado. Na apresentação de uma ópera, os atores são cantores e conversam cantando e contando uma história. Os sons das sílabas das palavras são looooongos ou curtos.

💿 9 - Trecho de "Habanera"

Ouça este trecho de uma ópera muito conhecida chamada *Carmen*, de autoria de Georges Bizet, e perceba a duração dos sons das palavras cantadas.

Georges Bizet nasceu na França em 1838 e faleceu em 1875.

CURIOSIDADE SONORA

Neuma é uma palavra do latim que significa "sinal" ou "curvado". No século IX, os neumas foram os primeiros sinais musicais escritos pelos monges dos mosteiros.

BRINCADEIRA SONORA

Escreva o seu nome em um papel. Cante-o prolongando o som de uma sílaba e marque-a com um círculo ou um neuma.

30 • O mundo da música

COMO ESCREVER UM SOM?

Logo os músicos perceberam que só prolongar um som não era suficiente para que todos os cantores cantassem a melodia de maneira igual. Um cantava mais grave. Outro cantava mais agudo. Era uma confusão!!!

Os compositores antigos perceberam que, para escrever uma melodia para que todos cantassem da mesma forma, era necessário informar ao músico também a altura, além de um som mais longo ou curto.

Criaram então sete sons básicos, cada um com uma altura, variando do mais grave ao mais agudo, os quais foram batizados de: dó, ré, mi, fá, sol, lá, si.

CURIOSIDADES SONORAS

Um monge chamado Guido D'Arezzo, que viveu entre 995 e 1050, batizou as notas a partir de um poema em latim escrito em homenagem a São João Batista. Assim surgiram os nomes das notas musicais.

Ut (dó), ré, mi, fá, sol, lá, si.

Ut queant laxis
Resonare fibris
Mira gestorum
Famuli tuorum
Solve polluti
Labii reatum
Sancte **I**oannes

Que significa:
"Para que teus servos
possam ressoar claramente
a maravilha dos teus feitos,
limpe nossos lábios impuros, ó São João."

ONDE ESCREVEMOS AS NOTAS MUSICAIS?

A primeira tentativa de indicar a altura de um som escrito foi desenhar os neumas acima e abaixo de uma linha que representava o dó, ou o ut.

Assim, os sons graves ficavam abaixo da linha. E os sons agudos ficavam acima.

A solução foi aumentar o número de linhas! O monge Guido D'Arezzo inventou uma maneira de assinalar a altura dos sons em sua própria mão!

Ele desenhou neumas sobre linhas nas juntas dos dedos da mão. Cada neuma era uma das notas (dó, ré, mi, fá, sol, lá, si) e tinha uma altura. Ao mostrar certo ponto da mão, seus alunos de canto sabiam qual era o som que deveriam cantar. Finalmente, todos cantavam igual!!!

BRINCADEIRA SONORA

Experimente. Cante as sílabas em tons graves e agudos de acordo com a posição.

```
LA      LA              LA
    LA              LA
        LA   LA
             LA
```

Foi fácil ou difícil? Por quê?
Agora ouça o seu colega. Ele cantou igual a você ou diferente?
Será que só uma linha para definir a altura dos sons é suficiente?
Como resolver esse problema?

32 • O mundo da música

Dessa maneira, foi possível determinar exatamente a altura dos sons.

Observe a palma de sua mão e imagine cinco linhas ligando os dedos. Assim nasceu a ideia da pauta musical (ou pentagrama): cinco linhas paralelas onde escrevemos as notas musicais.

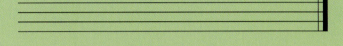

Cada som se localiza em uma linha ou no espaço entre elas, indicando a sua altura.

CURIOSIDADE SONORA

A primeira música impressa foi a composição *L'Orfeo*, de Monteverdi, escrita em 1607 e publicada dois anos depois em Veneza, Itália.

🎵 10 - Trecho de uma tocata de *L'Orfeo*

Claudio Monteverdi nasceu na Itália em 1567 e faleceu em 1643.

Até hoje, os músicos escrevem as notas sobre a pauta. A sequência de sons escrita numa pauta chama-se escala.

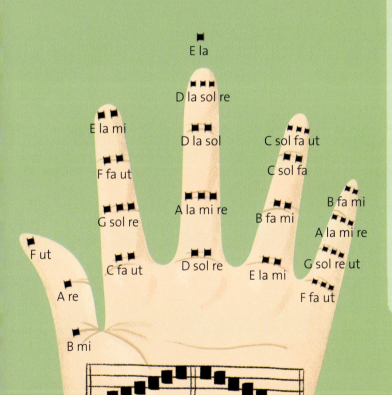

Volume 3 - Alfabetização musical 2 • 33

BRINCADEIRA SONORA

Vamos cantar as notas musicais!!!

 11 - "Cantar é bom"

Cantar é bom
*Eu tirei um DÓ da minha viola, da minha viola eu tirei um DÓ
Dormir é muito bom, é muito bom
É bom, camarada; é bom, camarada; é bom, é bom, é bom*

*Eu tirei um RÉ da minha viola, da minha viola eu tirei um RÉ
Rezar é muito bom, é muito bom
É bom, camarada; é bom, camarada; é bom, é bom, é bom*

*Eu tirei um MI da minha viola, da minha viola eu tirei um MI
Mingau é muito bom, é muito bom
É bom, camarada; é bom, camarada; é bom, é bom, é bom*

*Eu tirei um FÁ da minha viola, da minha viola eu tirei um FÁ
Falar é muito bom, é muito bom
É bom, camarada; é bom, camarada; é bom, é bom, é bom*

*Eu tirei um SOL da minha viola, da minha viola eu tirei um SOL
Sorrir é muito bom, é muito bom
É bom, camarada; é bom, camarada; é bom, é bom, é bom*

*Eu tirei um LÁ da minha viola, da minha viola eu tirei um LÁ
Laranja é muito bom, é muito bom
É bom, camarada; é bom, camarada; é bom, é bom, é bom*

*Eu tirei um SI da minha viola, da minha viola eu tirei um SI
Silêncio é muito bom, é muito bom
É bom, camarada; é bom, camarada; é bom, é bom, é bom*

CURIOSIDADE SONORA

As notas musicais também podem ser representadas por letras chamadas cifras. Veja só: A (lá), B (si), C (dó), D (ré), E (mi), F (fá) e G (sol).

Escrever as notas sobre uma pauta resolveu somente uma parte do problema, afinal, existem muito mais sons do que apenas sete notas musicais, não é mesmo?

Nós cantamos e tocamos sons em diferentes alturas e não apenas em sete alturas! Por exemplo, um piano tem 88 teclas!!! Cada tecla é uma nota musical! Como então escrever 88 notas para as 88 teclas do piano?

A solução encontrada foi um sinal chamado clave!

A clave é um sinal que é desenhado no início da melodia escrita na pauta musical. Ela indica a altura dos sons e o nome das notas.

Existem claves para os sons agudos e claves para os sons graves. Dessa forma, o compositor pode utilizar uma mesma pauta. Ele pode colocar sinais graves e, ao trocar a clave, indicar sons agudos.

A palavra clave nasceu da palavra latina *clavis*, que significa "chave". Ela realmente funciona como uma chave que abre o "segredo" das notas musicais. A clave indica a altura de uma das notas da escala e assim define as outras em sequência. Vamos conhecer a clave mais comum: a clave de SOL!

Ela é usada para sons agudos e instrumentos musicais como violino, trompete, saxofone alto, flauta, oboé, clarinete, cavaquinho e violão.

CURIOSIDADE SONORA

O desenho da clave de sol foi inspirado na letra G, que é a cifra da nota sol.

CURIOSIDADES SONORAS

O primeiro piano foi construído por Bartolomeo Cristofori, na Itália, por volta de 1700.

Existe o piano com caixa de ressonância horizontal, que é chamado piano de cauda. Existe o piano com caixa de ressonância vertical, que é chamado por isso mesmo de armário.

💿 12 - "Noturno, op. 9, n. 2"

Ouça um trecho de uma composição para piano.

Feche os olhos e aguce os ouvidos. Perceba a altura dos sons graves e agudos de um dos noturnos de Frédéric Chopin. Noturno é uma composição relacionada à noite, seja como a inspiração para o compositor, seja relativa ao momento a ser executada.

Frédéric Chopin nasceu na Polônia em 1810 e faleceu em Paris no ano de 1849.

O desenho da clave de sol se inicia na segunda linha da pauta. Veja a sequência do seu desenho.

Portanto a nota que está na segunda linha da pauta chama-se SOL.

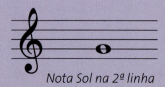

Nota Sol na 2ª linha

E o restante da escala será:

36 • O mundo da música

BRINCADEIRAS SONORAS

Cante esta melodia e perceba a escala musical em clave de sol:

💿 13 - "Eu já sei tocar"

Eu já sei tocar
Eu já sei tocar dó, ré, mi, fá, sol
Bem bonito vou tocar dó, mi, sol, sol, dó

💿 14 - "Figuras geométricas"

Figuras geométricas
Tra la la la, tra la la la
Triângulo tem três lados
Tro lo lo lo, tro lo lo lo
Quadrado tem quatro
E círculo não é triângulo
Nem também um quadrado
O que é então um círculo
É redondo e não tem lado!

Selecione instrumentos de bandinha e relacione-os às figuras geométricas citadas na canção. Toque cada instrumento quando a figura associada for cantada.

A AUTORA

Nereide Schilaro Santa Rosa

Pedagoga, arte-educadora e escritora especializada em Arte, já publicou cerca de 50 livros sobre esse tema em diferentes editoras desde 1990. Ganhou o Prêmio Jabuti, em 2004, com a coleção "A arte de olhar", e vários outros conferidos pela FNLIJ (Fundação Nacional do Livro Infantojuvenil). Atuou como professora e pedagoga na Prefeitura do Município de São Paulo, onde desenvolveu diferentes projetos educacionais sobre educação musical e artes plásticas. Pela Callis Editora, publicou *Arte popular na América Hispânica*; *Carlos Gomes*; *Monteiro Lobato*; *Santos-Dumont*; *Villa-Lobos*; *Volpi*; *A infância de Tatiana Belinky*; *Machado de Assis*; *Monteiro Lobato*; *Tarsila do Amaral* e *Papel e tinta*.

O ILUSTRADOR

Thiago Lopes

Paulistano nascido em 1987, Thiago Lopes Mateus é formado em Design Gráfico pelo Centro Universitário Belas Artes e pós-graduado em Design Editorial pelo Senac. Sua estreia na ilustração de livros infantis se deu pela Callis Editora em 2010, com o livro *Junta, separa e guarda*, de autoria de Vera Lúcia Dias. Além de ilustrar livros infantojuvenis, Thiago Lopes é sócio do Estúdio Kiwi, onde desenvolve ilustrações e projetos gráficos.

Lista das gravações do CD
Volume 3

1 - "Pezinho" – folclore gaúcho
2 - Trecho de "Bolero" – Maurice Ravel
3 - Trecho de "Dança das horas" – Amilcare Ponchielli
4 - Trecho de "Valsa das flores" – Tchaikovsky
5 - "Arrasta o pé" – folclore junino
6 - "Quadrilha mirim" – folclore junino
7 - "Carimbó" – folclore do Ceará
8 - "Maçanico" – folclore gaúcho
9 - Trecho de "Habanera" – Georges Bizet
10 - Trecho de uma tocata de *L'Orfeo* – Claudio Monteverdi
11 - "Cantar é bom" – canção escoteira
12 - "Noturno, op. 9, n. 2" – Frédéric Chopin
13 - "Eu já sei tocar" – Nereide S. Santa Rosa
14 - "Figuras geométricas" – Nereide S. Santa Rosa

FICHA TÉCNICA

Cantores populares: Sérgio Rufino e Vyvian Albouquerque
Violão: Cacau Santos
Percussão: Magno Bissoli
Cantora lírica: Elaine Moraes
Piano: Maria Cecília Moita
Regência e produção musical: Hugo Ksenhuk

ORQUESTRA
Violinos: Luis Amatto (*spalla*), Heitor Fujinami, Liu Man Ying, Ricardo Bem Haja, Nadilson Gama, Liliana Chiriac, Paulo Caligopoulos e Alex Ximenes
Violas: Davi Rissi Caverni e Fabio Tagliaferri Sabino
Cellos: Robert Sueholtz e Meryielle Nogueira Maciente
Contrabaixo: Sérgio de Oliveira
Flauta: Marcelo Barboza
Oboé: Marcos Mincov
Clarinete: Domingos Elias
Fagote: Marcos Fokin
Trompete: Marcos Motta
Trompa: André Ficarelli
Trombone: Gilberto Gianelli
Percussão sinfônica: Sérgio Coutinho
Arranjos e programação de VSTs: Hugo Ksenhuk
Técnicos de gravação e mixagem: Ygor Andrade, Taian Cavalca, Hugo Silva e Thiago Baggio